El patito y los gusanos

Lada Kratky
Ilustrado por Joseph Hammond

HAMPTON-BROWN
Quien sabe dos lenguas vale por dos.®

Una mañana se asomó un
patito goloso.

—A ver si veo algún gusanito
—dijo el patito goloso.

—¡Gusanitos, salgan! —rogó
el patito goloso—. Tengo
ganas de verlos.

—¡Gusanitos gorditos,
salgan! —rogó el patito goloso—.
Tengo tantas ganas
de verlos.

—¡Gusanitos gordos, gorditos,
salgan! —rogó el patito goloso—.
Tengo tantas, tantas ganas
de verlos.

—¡Gusanitos gordos, gorditos,
saladitos, salgan —rogó el
patito goloso—. Tengo tantitas
ganas de verlos.

En eso, se asomó un gusanito
gordo, gordito. Y luego más
y más gusanitos.
—¡¡¡Guuuu!!!!!!!

Así se fue el patito goloso.
¡Vivan los gusanitos gorditos!